Maria-Mara Bauer

Agoraphobie und Panikattacken

Ein Weg Phobien, Panikattacken und Angst zu bekämpfen

Bibliografische Information der Deutschen Nationalbibliothek:
Die Deutsche Nationalbibliothek verzeichnet diese Publikation in der Deutschen Nationalbibliografie; detaillierte bibliografische Daten sind im Internet über http://dnb.dnb.de abrufbar.

© *2013 Maria-Mara Bauer*

Herstellung und Verlag: BoD – Books on Demand, Norderstedt

ISBN: 978-3-7322-4648-9

Inhaltsverzeichnis

Kapitel 1 – Der Auslöser (5)
Kapitel 2 – Veränderung (11)
Kapitel 3 – Die Angst vor der Angst (4)
Kapitel 3 – Lösungssuche (13)
Kapitel 3 – Erfolg (12)

Kapitel 1
Der Auslöser

Es war der 26.10.1991, eigentlich ein Tag wie jeder Andere im Oktober. Es war kalt, Wolken zogen über die Stadt und ab und zu fiel Regen. Die Regentropfen hörte ich an meinem Fenster im Wohnzimmer und konnte deren Verlauf an der Scheibe verfolgen. Mir war langweilig und ich war müde aber ein spannender Abend bestand bevor.

Ich war am Abend mit einem Freund Fabian, zu dem Geburtstag dessen Freundes Matthias eingeladen. Ich überlegte und probierte, was ich anziehen könnte. Auf einmal merkte ich, als ich vor dem Spiegel stand und mich anzog, dass mir schummerig wurde, was aber auch schnell wieder verging. Es war ein Anflug von Kreislaufstörungen. Kaum ging es mir wieder besser, war es auch schon vergessen. Plötzlich wieder dieses Drehen, ich musste mich festhalten und beschloss dann noch eine Tablette mit Vitamin C zu nehmen. Gesagt getan, mein Outfit war gefunden, ein schöner schwarzer Stufenrock mit breitem Gummizug, noch ein Blick in den Spiegel, alles sitzt, der Abend konnte kommen.

Pünktlich wurde ich abgeholt. Fabian fuhr einen alten Wagen, den er sehr gut erhalten hat und worauf er sehr viel Wert legte, ihn weiterhin in Schuss zu halten. Mit einem Horn hat er sich angekündigt. Ich lief zum Fenster und sah ihn in der Seitenstraße drehen.

Ich bin runter auf die Straße. Der Wagen glänzte wie immer. Von Innen alles verkleidet mit Plüsch-Fell. Es wirkte wie ein richtiges Sofa und sehr gemütlich.

Wenige Minuten später kamen wir bei Matthias an. Matthias wohnte in einem Mehrfamilienhaus im ersten Stock. Er hatte eine kleine Wohnung, die gemütlich eingerichtet war. Als wir oben ankamen hat er uns in der Tür schon empfangen. Die Gäste waren schon in feuchtfröhlicher Stimmung und das Wohnzimmer glich einer Räucherwerkstatt. Die Luft konnte man durchschneiden, so vernebelt war es. Mir war etwas unwohl und die vielen Leute gefielen mir nicht.
Ich setzte mich auf einen freien Platz auf dem Sofa und hörte dem fröhlichen Treiben zu. Ich halte mich zunächst immer sehr zurück, weil Erlebnisse im Kindergarten mich prägten. Ich fand mich noch nicht zurecht und wusste nicht, wie die Leute mir gegenüber standen.

Aus Kindergartenzeiten hatte ich die schlechte Erinnerung, dass alle gegen mich waren. Ich wurde damals von den Kindergärtnerinnen oft schikaniert, verprügelt und die Kinder waren dabei nicht untätig. Bei solchen Ansammlungen von Menschen kommt so etwas dabei wieder in Erinnerung. Ein Fall war mir noch sehr gut in Erinnerung, als ich mittags den Mittagsschlaf machen sollte, der täglich von 13 Uhr -15 Uhr stattfand. Ich lag auf einer Holzpritsche in der Mitte fehlten Latten, so dass ich mit meinem Hinter-

teil direkt darauf lag und halb durchrutschte und den Boden berührte. Plötzlich riss mich die Kindergärtnerin hoch, zog mir vor allen Kindern die Hose runter legte mich übers Knie und prügelte auf mich ein. Ich wurde von allen ausgelacht. Nachdem die Kindergärtnerin fertig war, warf sie mich wieder auf das Bett mit den fehlenden Brettern in der Mitte. Ich konnte kaum liegen vor Schmerzen.

Das Sofa von Matthias war nicht sehr bequem. Ich bemerkte, dass mich etwas störte in dem Wohnzimmer, aber mir war nicht bewusst was es war. Auf einmal wieder dieses schummrige vor meinen Augen, aber diesmal wesentlich stärker. Es kam ein Schweißausbruch hinzu und ich wurde zunehmend nervöser. Diesmal verschwand es nicht und ich sagte zu Fabian, dass ich mal raus müsste an die Luft. Es stimmt was nicht. Ich kämpfte mich durch die Leute, war auf dem Flur angekommen und wollte mir meine Jacke nehmen, die ich zuvor dort hin gehängt hatte, als ich plötzlich merkte, wie mich meine Kräfte verließen. Meine Beine wurden schwer, es drückte mich etwas nach unten, was wie ein unheimliches Gewicht auf mich wirkte. Ich versuchte noch mich festzuhalten.... das war alles woran ich mich erinnern konnte, es folgte die Ohnmacht.

Den Aussagen der Leute nach hätte ich wild um mich geschlagen, geknurrt und einen epileptischen Anfall gehabt. Ich wäre wohl betrunken wurde gemeint, obwohl ich nicht einen Tropfen angerührt hatte.

Nach heutiger Sicht ärgere ich mich über die Oberflächlichkeit dieser Leute. Nicht einer hat mich dort richtig wahrgenommen, sonst hätten sie gewusst, dass ich den ganzen Abend gar nichts getrunken hatte.

Woran ich mich erinnere war eine Art Traum, der in der Ohnmacht aufkam. Dort gingen fünf graue Betonstufen zu einem Saal. In diesem Saal befand sich eine Menschenansammlung, die allerdings nur aus einer Person, nämlich Matthias bestand. Er hatte rote Haare und ich sah überall nur diese Köpfe mit roten Haaren vor mir. Auf der gegenüberliegenden Seite war eine weitere Tür, die sich öffnete und ein Licht durch die Tür schien. Ich wollte dort hin, kam aber durch die vielen roten Köpfe nicht hindurch. Sie verweigerten mir ein Durchkommen. Es war nicht einmal möglich meinen Fuß von der Treppe in den eigentlichen Raum zu stellen.

Als ich wieder zu mir kam wurde ich ins Bad gezerrt. Ich habe mich wohl in der Ohnmacht übergeben müssen und meine Kleidung sah entsprechend aus. Fabian hat sich um mich gekümmert und ließ mir ein Bad einlaufen. Niemand sonst war bereit ihm oder mir zu helfen. Ich hörte nur irgendwann, dass die Leute auf die Toilette wollten.
Ich lag in der Wanne und bekam alles nur schemenhaft mit, alles drehte sich. Meine Erinnerung war, dass ich dann auf einmal im Auto saß, wie ich dort hin kam.... ich weiß es nicht.

Zu Hause angekommen war ich sofort im Bett und der Notarzt wurde gerufen. Diagnose: Magen-Darm-Grippe. Unvorstellbar, dass das so gesehen alles gewesen sein sollte - eine Grippe.

Diese ist nun verantwortlich für die folgenden Jahre und bestimmte quasi mein Leben in Zukunft.

Kapitel 2
Veränderung

Nach einer Woche erholte ich mich langsam wieder und alles war beim Alten. Ich konnte meinem üblichen Alltag nachgehen.

1992 lernte ich dann durch meine berufliche Tätigkeit als Drucker meinen Mann kennen, da ich für ihn besondere Visitenkarten erstellen sollte. Wir waren in der Zeit viel mit dem Auto unterwegs und haben geschäftlich einiges zu tun gehabt. Ich fuhr immer mit und lernte so Deutschland kennen. Wir haben täglich einige 100 KM hinter uns gelassen. Das war zu der Zeit alles gar kein Problem und es ging mir dabei immer gut.

Ich erinnere mich noch an eine Fahrt nach Berlin, zu der mich mein Mann mitnahm. Autofahren machte mir immer viel Spaß und er war ein sicherer Fahrer. Es ging zu einem Mitarbeiter, der für ihn tätig war. Mehr wurde mir vorab auch nicht gesagt, zu der Zeit habe ich mich immer überraschen lassen und fand es auch nicht sonderlich wichtig alles zu wissen.
Als wir dort ankamen, wurde mir ein Kaffee vorgesetzt und mein Mann meinte, er müsse mal mit dem Mitarbeiter kurz zu einem Kunden. Gut, habe ich gedacht, dann ist er ja gleich wieder da. Kurz ist ja im Grunde vielleicht eine halbe Stunde.
Wieder einmal saß ich in einer fremden Wohnung und Unbehagen macht sich breit, das wurde mit in

dem Moment klar. Ich wollte eigentlich sofort wieder gehen, dachte mir aber dann, es geht ja schnell. Der Kaffee war so stark, dass ich wieder einmal das Problem hatte und sich alles drehte, dass es am Kaffee lag viel mir erst später auf, denn ich hatte eine Allergie gegen den reinen Kaffee.

Sofort kam der Vorfall vom Hebst 1991 wieder hoch und ich sah sofort Parallelen und bildlich die Erinnerungen vor mir. Wieder war ich fremd, wieder fremde Leute, wieder die gleichen Symptome. Ich geriet in Panik, ein Zustand, den ich bislang nicht kannte, und drehte einige Runden zu Fuß um den Häuserblock, damit ich in Bewegung blieb und versuchte meinen Mann mehrfach telefonisch über Autotelefon zu erreichen...vergeblich.

Nach geschlagenen 5 Stunden kam mein Mann endlich wieder. Er war am anderen Ende von Berlin, was so viel Zeit in Anspruch nahm. In meinen Augen hat er mich dort einfach ausgesetzt und überließ mich meinem Schicksal. Mit der Situation, mich bei Fremden abzusetzen, war ich schon überfordert, aber dazu dann der Vorfall mit der Panik war für mich schlichtweg zu viel. Stress braucht Energie und die war nun völlig aufgebraucht und ich war regelrecht schwach und in meinem Kopf drehte sich wieder alles.
Es war ein Horrorszenario, was ich da durchmachte. Dazu die Panik nicht zu wissen was passiert. Der Druck, den ich mir selber machte, und die Stresssituation ist jedem bekannt, der unter Panikattacken

leidet, wie am Ende das körperliche befinden ist. Im Kopf kann man klar denken, aber man kann es einfach nicht abstellen. Auch der logische Menschenverstand war da keine Hilfe.

Als wir endlich wieder im Auto saßen und es nach Hause ging fiel der Stress ab, die Panik verging und mir ging es trotzdem nur noch schlecht. Die ganze Fahrt über habe ich im Auto gelegen und es drehte sich alles um mich herum. Ich hatte die Kontrolle über mich nicht mehr und das ließ wieder neue Panik bei mir aufkommen. Ich war nicht abgelenkt und konnte lange darüber nachdenken und mich mehr in die vergangene Situation hinein steigern. Erst als ich zu Hause in der gewohnten Umgebung war, normalisierte sich der Zustand.

In den nächsten Monaten gab es keine weiteren Vorkommnisse, die von Bedeutung wären. Ich habe in der Firma meines Mannes 1993 angefangen zu arbeiten, wir waren immer viel unterwegs, ich plante den Bau meines Hauses und kaufte ein Grundstück auf einem Dorf. Alles schien eigentlich wie immer, bis zu dem Tag, als mich das Ereignis von 1991 einholte und meine Lebensqualität in kurzer Zeit bis auf Null brachte. Dieses Mal ging es rapide bergab und es brannten sich die negativen Ereignisse im Kopf fest.

Es war ein sonniger Tag und mein Mann und ich wollten in unserem Stammlokal Essen gehen. Dort gab es die tollsten Gerichte und davon immer reichlich. Eigentlich nichts besonderes für mich Essen zu gehen, denn wir waren fast täglich da. Es war dort sehr gemütlich alles eingerichtet, unser Kellner, wie immer, sehr überschwänglich in seiner Umgangsform und absolut zuvorkommend, so, wie man es heute nicht mehr findet. Wir gaben die Bestellung auf und ich merkte auf einmal eine Veränderung, während wir auf das Essen warteten. Ich brachte kein Wort mehr heraus, mir wurde heiß, ich sah den 26.10.91 vor meinem geistigen Auge ablaufen. Panik brach aus, ich verlor die Kontrolle und rannte aus dem Restaurant.

Ich erinnere mich, dass für einen kurzen Moment etwas passierte in der Atmosphäre des Restaurants, was mich in diese Panikattacke versetzte. Es war nur ein Bruchteil aber der reichte aus um den „Schalter umzulegen" und in dieses Trauma zu verfallen.

Ab dem Tag war es mir nunmehr unmöglich jemals wieder ein Restaurant zu betreten. Ich könnte umfallen, es könnte immer wieder das passieren, was im Herbst 91 geschah. Somit entwickelte ich ein *Vermeidungsverhalten*. Wir sind weiterhin Essen gegangen, jedoch nur noch im Außenbereich. Dort hatte ich Fluchtmöglichkeiten um schnellstmöglich mich in einer Ecke verkriechen zu können. Das Auto war ein sicheres Anlaufziel, wohin ich mich dann zurückziehen konnte und wo ich absolute Sicherheit hatte. Mein Auto war wie meine verlängerte Wohnung und bot Zuflucht....zumindest zu dieser Zeit.

Ich fand mich damit ab, dass ich nun eine Einschränkung in meinem Leben hatte, mit der ich aber umgehen konnte. Es ist keine Angelegenheit, die zwingend erforderlich ist. Ich habe es schlichtweg vermieden Essen zu gehen und das sparte sogar noch Geld. Kein Schaden zu groß immer ein Profit dabei, war dann meine Devise.

Nun war das aber leider noch nicht alles, denn sonst wäre das Buch an dieser Stelle zu Ende und Leidensgenossen könnten nun sagen: „ Genau so geht es mir auch."

Lebensqualität

Nach mehreren Wochen kam das nächste Ereignis, was schon weitaus gravierender für mich war und meine Lebensqualität um 50 % minderte. Wie üblich wieder ein völlig normaler Tag, der nichts auf das schließen ließ was mir nun bevor stand. Ich fuhr morgens zur Arbeit in die Firma meines Mannes im nahe gelegenen Ort, der sich ca. 4 Km entfernt von meiner derzeit Noch-Mietwohnung befand.
Dort ging es immer locker zu, es gab keinen Zwang und ich konnte gehen wann ich wollte, Hauptsache mein Job wurde erledigt.

Ich fuhr auf den Parkplatz, der direkt am Haus lag, stieg aus dem Wagen und ging zur Eingangstür. Doch was war das... ich brachte es nicht fertig durch

die Tür zu gehen. Ich stand wie versteinert davor und hatte eine Panikattacke, die wie aus allen Wolken viel. Es war mir nicht mehr möglich die Räume zu betreten. Wieder kamen die Hitzeschauer, das Herz fing an zu rasen, im Kopf wurde es schummrig ich produzierte Adrenalin. Es kam mir so viel vor, damit hätte man ein ganzes Krankenhaus versorgen können.
Meine Freundin, die dort im Empfang beschäftigt war, fing an zu lachen und tat es ab und nahm die Situation in keiner Weise ernst.
Wie sollte sie auch? Jemand der so etwas noch nie hatte, der kann sich nicht einmal ansatzweise dort hinein versetzen.
Ich sprang sofort in mein Auto und fuhr weg. Dort war ich wieder sicher.

Ich hatte jetzt gedacht, dass es nur ein vorübergehender Aussetzer von mir war und das morgen dann alles wieder gut sei. Nichts war gut, es ging nicht. Ich war einfach nicht mehr in der Lage diese Firma zu betreten. Alleine der Gedanke daran in diese Räume zu gehen, mich da hinzusetzen und zu arbeiten, schien mir absolut unmöglich. Die Vorstellung ich gehe da rein, ich setze mich an den Schreibtisch und arbeite. Ich habe die Vorstellung so detailliert gehabt, dass nichts mehr ging. Das, worüber ich nie nachgedacht hatte, wurde ein unheimlicher Horrorfilm, das was für jeden und eigentlich auch für mich völlig normal ist, worüber man nie nachdachte....Ein alltäglicher Gang im Leben.... es wurde unmöglich.

Kurzum die Arbeit musste gemacht werden und ich habe mir dann immer das Tagesgeschäft, ich war für die Buchhaltung zuständig, von meinem Mann mitbringen lassen und habe meine Arbeit von zu Hause erledigt. Damit gab es dann das nächste *Vermeidungsverhalten*, was ich nicht bekämpft habe sondern es einfach nur so hin nahm und einfach nicht mehr in die Firma ging.

Nach wie vor konnte ich aber immer noch sehr gut Autofahren und war dort sicher, allerdings war ich nicht mehr in der Lage auch andere neutrale Orte aufzusuchen wie einen Supermarkt oder einfach nur Schoppen in der Stadt, es folgte eine Kettenreaktion. Auch hier reichte schon der Gedanke und die Vorstellung daran, dass ist da rein muss und dann umkippen könnte wie in 1991.
Aber wozu auch. Ich schränkte mich einfach ein, bestellte aus Katalogen und ließ meinen Mann einkaufen. Das konnte er sowieso viel besser als ich.

Da der Bau meines Hauses nun auch voran ging fuhr ich dort regelmäßig hin. Alles kein Problem, auch das Betreten des Rohbaus zunächst nicht. Ich war draußen, mein Auto war in greifbarer Nähe und somit hatte ich mein „Geländer" zum festhalten für alle Fälle. Selbst mit einer dicken Erkältung bin ich dort hin gefahren und hatte keinerlei Probleme, dass ich umkippen könnte. Es war ja nur eine Erkältung und die hatte ich unter Kontrolle. Mir konnte also nichts passieren.

Mit dem Baufortschritt, schritten auch meine Panikattacken voran und verstärkten sich immer mehr, so dass ich den Rohbau nur noch betreten konnte, wenn sich keine Bauarbeiter dort drin befanden. Das Trauma von 1991 begleitete mich nun regelmäßig und wurde ein Teil von meinem Leben.

Im Jahre 1996 war das Haus fast fertiggestellt und wir zogen ein. Dieser Einzug verlief auch nicht ohne Panikattacken. Meine sichere Wohnung wurde nun aufgelöst. Es stand dort kein Bett mehr, kein Sofa, nichts, was mir noch Halt geben könnte und die neuen Mieter waren dort auch ständig schon anwesend. Ich stand unter einer extremen Stresssituation und es war auch nicht möglich ein Vermeidungsverhalten zu finden, denn ich musste ja meine Möbel dort raus schaffen. Immer wieder gefolgt von Angstschüben und Kreislaufproblemen habe ich dann mit meinem Mann alles im Wagen verstauen können und wir fuhren endlich los. Als wird nun in dem Haus ankamen wurde es aber nicht besser. Das war noch nicht die Gewohnte Umgebung, das gehörte noch nicht zu mir und ich brauchte einige Wochen für die Eingewöhnung, bis ich meine Möbel wieder erkannte und damit auch die Sicherheit bekam, dass dies nun mein neuer Zufluchtsort war.

Zwischenzeitlich ereilte mich auch ein neues Ereignis, was mir in meinem Auto widerfuhr. Ich befand mich gerade auf einer Autobahn, als plötzlich der Wagen langsamer wurde, kein Sprit mehr bekam und

zum stehen kam. Eine Situation, auf die ich nicht gefasst war. Was ist passiert, wieso fährt er nicht, mitten auf der Autobahn, wie komme ich da wieder weg, absolute Panik, Schweißausbrüche, Herzrasen, Ohnmachtsgefühl. Klar denken? Geht nicht! Ich stand regelrecht unter Schock, bis ich auf die Idee kam den ADAC zu rufen. Wo finde ich die Nummer, Telefonbuch, Handy, Säulen … Hilfe ... gefunden. Der kam auch recht zügig, schleppte den Wagen ab und nahm mich in seinem LKW mit.
Ich habe ab dem Tag absolut keine Lebensqualität mehr gehabt. Mein Auto war unzuverlässig geworden, mein Geländer, meine Sicherheit und damit habe ich dann diesen Wagen verkauft und mir einen Neueren zugelegt, der dann einigermaßen mein Vertrauen wieder hatte.

Nun hatte ich einiges im Haus zu tun, ich legte Fliesen, tapezierte und baute einiges aus. In dieser Zeit verstärkte sich mein Trauma und es war so schlimm geworden, dass ich bei Null Lebensqualität angekommen war. Ich konnte nichts mehr. Ich betrat den Garten bis zur Grundstücksgrenze und nicht weiter. Ich fuhr kein Auto mehr, Einladungen bei Nachbarn schlug ich aus. Während mein Mann dort feierte schielte ich nur neidisch zum Nachbarhaus und tapezierte in der Zeit den Flur. Der Wille war da dort hinüber zu gehen aber die Vorstellung, dass ich aus der Tür gehe und auf der Straße umkippte oder sogar beim Nachbarn vom Stuhl kippte, hatte wie immer die Überhand. So baute ich immer weiter und mein

Mann ruhte sich nur noch aus und fuhr auch nur noch alleine weg. Ich war zu nichts mehr zu gebrauchen.

Wir haben ein Büro im Kellerbereich eingerichtet, wohin nun auch die halbe Firma samt Mitarbeiter verlegt wurde. Dort habe ich noch eine Ansprache gehabt und braucht nicht mehr aus dem Haus. Alles richtete ich mir so, dass alles zu mir kam. Ich wurde regelrecht erfinderisch, wie ich Vorteile für mich nutzen konnte, aber das Haus nicht mehr verlassen musste. Ich habe erstaunlicher Weise auch immer Glück gehabt. Alles was eigentlich unmöglich war habe ich hin bekommen.
Doch dabei gab es auch ein Problem. Solange die Mitarbeiter in dem Bereich dort blieben, war alles in Ordnung, kam aber jemand in die Wohnung nach oben oder andere Besucher kündigten sich an, lief ich Amok. Da war der Termindruck, die „Fremden" befinden sich in meinem Haus und ich kann nicht flüchten. Wie sieht es denn aus, wenn man sagt, dass derjenige wieder gehen kann, nachdem der vielleicht auch noch eine lange Strecke hinter sich gelassen hatte? Das gehört sich ja nun auch nicht und deshalb musste ich das dann aushalten. War aber eine Vertrauensperson, davon gab es nur ganz wenige, mit dabei, war es kein Problem, denn notfalls konnte sich der ja mit dem Besucher beschäftigen.

Ich hatte bestimmte Vertrauenspersonen, bei denen ich wusste, dass sie einigermaßen nachvollziehen können, was da gerade passiert, wenn ich wieder so eine Panikattacke bekomme. Bei denen hätte es mir auch nichts ausgemacht umzukippen. Sie wussten, was dann zu tun ist..... Es passierte aber nie etwas.

Eines Tages stellte ein Arzt dann die Diagnose auf:

Agoraphobie

Typische Merkmale:

Panikattacken,

Vermeidungsverhalten,

Angstzustände

Schweißausbrüche

Kapitel 3
Die Angst vor der Angst

Natürlich war ich so flexibel geworden so Einiges alles telefonisch erfragen zu können. Arztbesuche? Unmöglich!! Doch manches musste sein, aber wie???

Nun bestimmte diese Phobie mein Leben. Ich war gezwungen mich neu zu erfinden und Lösungen zu suchen, wie ich alles regeln kann und dabei mich nicht aus dem Haus bewegen zu müssen.

Wenn ich meine Geschichte anderen Menschen erzählte, stieß ich auf Unverständnis. Ich wurde immer sehr ungläubig angesehen und wurde als „Die ist ja komisch" abgestempelt.
Zu der Zeit ging ich davon aus, dass nur ich davon betroffen bin. Im Laufe der Zeit habe ich mitbekommen, dass bald jeder Fünte ähnliche Symptome aufweist, auch andere Panikattacken hat, aber dies gar nicht so genau weiß, dass es eine Krankheit ist. Nein, man ist nicht „Plämpläm" und auch nicht „reif für die Klappse", wie nur zu oft von oberflächlichen Leuten behauptet wird. Es ist ein Trauma, was verarbeitet und bekämpft werden muss, ausgelöst durch Vorkommnisse aus der Vergangenheit, sogar Kindheit. Das Trauma nimmt überhand und daraus wird eine Phobie, Zwangsneurose oder ähnliches.

Es gibt den Schalter, der wie aus dem Nichts umgelegt wird. Die Lampe brennt und man kann sie aber nicht wieder auf Kommando ausschalten. Bestimmte Gerüche, Töne, Räume lösen die Attacken aus, oder aber nur einfache Vorstellungen an eine Situation. Schon ist es da, die Lampe brennt.....also vermeide ich was nur geht, damit dies nicht passiert. Gutes Zureden von Anderen, die darüber Bescheid wussten, hat in so einer Phase nur eine Verschlimmerung nach sich. Jeder redet auf mich ein, stellt Fragen, wie geht's Dir, was passiert da, es passiert doch nichts, so etwas ist anstrengend zusätzlich und brachte mich immer tiefer hinein statt heraus. Das mir nichts passiert, das weiß ich selber, trotzdem kann man so eine Attacke nicht einfach wegreden oder ausschalten. Sie ist einfach da und durch Routine und andere Möglichkeiten, zu denen ich noch komme, zu bekämpfen.

Sogar bei Arztbesuchen wurde ich erfinderisch:
Ich nahm Termine, die möglichst gleich morgens oder direkt nach der Pause oder eben als letztes am Abend lagen. Natürlich waren alle Ärzte auch in der Nähe. Vorher rief ich an und fragte, wie voll das Wartezimmer ist und wie genau man mir sagen könne, wann ich an der Reihe bin. Entsprechend wurde ich dann zu der Zeit hin gefahren. Natürlich war ich schon Tage vorher nervös. Bevor es los ging, war ich dann schon 5 Mal auf dem WC. Kalte Hände, Schwitzen, Adrenalin, Stress pur. Wenn es überstanden ist fällt die Last ab und eigentlich war es ganz einfach.

Dann der nächste Schock, ich bin nicht gleich dran und kann nicht sofort zum Arzt. Vor der Tür, statt Wartezimmer, rannte ich nervös auf und ab, bis ich dann endlich gerufen wurde. Von da an war ich dann „auf dem Berg" angekommen und der Stress viel ab, denn nun war ja das Ziel, wieder gleich nach Hause zu kommen, sehr nah.

Beim Arzt selbst, war es dann gar nicht so extrem, wie zunächst in der Phantasie gedacht. Ich konnte dort auch umkippen, ich war ja an der richten Adresse. Komischer Weise passierte nie etwas. Die Phobie nahm eine neue Gestalt an. Es ging längst nicht mehr um das, was in 1991 passiert war. Es ist inzwischen einfach nur die *Angst vor der Angst*. Jeder, der seine Phobie / Trauma / Panikattacke über Jahre hinweg „pflegt", wird mir auch in diesem Punkt zustimmen und wer das noch nicht kann, dem wird es jetzt auffallen, dass es tatsächlich so ist.
Sicherlich ist das Thema an sich noch vorhanden aber es ist so, dass es sich im Grunde nur noch um eine Zusammenfassung des Problems handelt. In meinem Fall: Ich könnte ja umkippen, wie peinlich ist das, ich habe keine Kontrolle über mich.

Es wird schnell mal von mir behauptet ich kontrolliere alles. Was aber nie meine Natur war, sondern sich einfach im Laufe der Zeit ergeben hat. Ich kontrolliere für mich, ob ich mit bestimmten Situationen fertig werden kann und wie ich am besten das Vermeidungsverhalten anwende, was als nächstes passieren könnte in meiner Umgebung und wo die Ausgänge eine Gebäudes sind, wie schnell sind sie erreichbar. Ja, es ist schon ein richtiger Beruf geworden Situationen bestimmten Lösungen schnell zuzuführen und das Beste daraus zu machen.

Kapitel 4
Lösungssuche

Inzwischen ist das Jahr 2000 erreicht, fast 10 Jahre lebte ich jetzt damit, und ich lebte in meinem Haus, wie in einem Gefängnis. Es war mir alles nur noch eine Last und ich wollte endlich auch einfach nur mal einkaufen gehen können und nahm die Geschichte in Angriff etwas zu verändern. Andere Leute gehen wie selbstverständlich in den Supermarkt, setzen sich in ein Café, können sich sogar Termine legen und die ohne Probleme einhalten. Autofahren, hunderte von Kilometern sogar ganz alleine ohne einen Aufpasser dabei haben zu müssen. Das wollte ich auch. Und damit kam der Wille etwas zu verändern und alles wieder in den Griff zu bekommen.

Von meinem Mann hatte ich mich 1999 getrennt und wurde auch 2000 geschieden. Natürlich war es für mich auch unmöglich zum Gericht zu fahren. Ich überlegte, wie es möglich ist trotzdem geschieden zu werden und dachte mir auch hier ein System aus, was auch aufging, wofür ich aber einiges vorbereiten musste. Vor dem Scheidungstermin rief mich die Richterin an, stellte mir kurze Fragen und fragte dann auch, ob ich geschieden werden wollte. Und schon war die Scheidung vollzogen.

Ich habe hin und wieder tolle Ideen bekommen von Leuten, denen meine Panikattacken nicht fremd waren und habe mich nur kaputt lachen können über diese Vorschläge. Eine Bekannte kam mit dem Vorschlag doch mal eine Selbsthilfegruppe zu gründen. Gute Idee... die Umsetzung wäre dann wie? Treffen nicht möglich also setzen wir uns alle in einem Kreis an den PC oder geben uns Rauchzeichen von Wohnort zu Wohnort?

Daran sieht man wieder, dass es für einen Außenstehenden gar nicht möglich ist zu beurteilen, was da passiert.

Ich wollte mich auf eine neue Übung festlegen und mir das Ende der Straße vornehmen und dort hingehen. Von meinem Grundstück bis zur Ecke sind es 50 Meter. Ich suchte mir einen Tag aus, an dem ich nicht besonders gut aufgelegt war im Sommer und ging ein paar Schritte. Schon kam die Panik und ich rannte wieder zurück. Die Ecke war nicht zu erreichen.

Dies probierte ich aber immer wieder und diesmal nur an Tagen, an denen ich besonders gut gelaunt war. Ich war super nervös..aber ...es klappte.

Nun ergab es sich aber so, dass ich zu einem Haus musste in einer anderen Straße, dabei war das Problem ... das Haus. Fremd, neu und Überraschungen. Dabei ging ich die Strecke, die ich ja nun schon kannte und dabei viel mir im Nachhinein auf, dass die bekannte Strecke gar kein Problem war, ich hatte überhaupt nicht daran gedacht, dass dies zu Beginn ein Problem darstellte. Das neue Ziel, dies andere Haus, war das Hauptproblem. So wurde ein Ereignis zur Routine und spannend wurde es am neuen Ziel. Das waren sehr große Erfolge.

Dennoch gab es immer wieder Rückschläge, die zurückwerfen aber trotzdem ging es vorwärts.

Ich probierte was anderes und setzte mich ins Auto. Das klappte sogar ... kurz, aber es klappte. Ich stand nur unter einem extremen Druck, der sich sofort auf dem Rückweg legte. Ich kam zwei Straßen weiter ... immerhin.

Dennoch war da immer dieses „es kann aber sein, dass mir was passiert" und dieses KANN ließ mich zunächst immer wieder scheitern.

Ich habe aber trotzdem mit dem Auto immer wieder versucht ein Stück weiter zu kommen. Immer und immer wieder, nur ich sah kein Ende. Komischer Weise war es mir möglich einen bestimmten Bereich vom Dorf ab zufahren aber ein anderer Bereich, der viel näher an meinem Haus lag, nicht.

Therapie

Ich habe mir einen Therapeuten für Verhaltenstherapie gesucht, der einen sehr guten Ruf hatte und bekam einen Termin. Da war es wieder ... Termindruck, dazu kam, er war 20 km entfernt und ich musste selbst dort hinfahren. Ich bin auf dieser Fahrt tausend Tode gestorben und hatte die Angst vor der Angst. Es half nichts ich musste dort hin. Was mich

dabei ein bisschen motivierte war die Hoffnung auf Hilfe, die mich jeden Meter weiter brachte.
Dort angekommen war das nächste Problem. Das Wartezimmer: schier unmöglich, dass ich mich dort hinsetzte, also wieder raus vor die Tür und dort gewartet, nervös vor dem Haus hoch und runter gerannt. Die Adrenalinproduktion hörte nicht auf, ich zitterte und kam nun endlich an die Reihe und wurde herein gerufen.

Im Behandlungszimmer angekommen, stets die Tür im Auge, ging es mir dann sehr schlecht. Nun sollte ich auch noch erzählen. Ja was denn? Wo fange ich an. Gut, ich erzählte, was mir in den Sinn kam und bildete mir ein, dass nun irgendeine Behandlung erfolgte. Es passierte nichts. Ich erklärte, dass wir nicht mehr lange reden sollten, sondern einfach Taten folgen lassen müssen. Darauf war ich sehr gespannt und das wurde mir auch zugesagt ... aha ... Hoffnung!!!

Nächster Termin, gleiches Szenario, gleicher Therapeut ... mit dem Ergebnis ... ich redete und redete und wieder passierte nichts.
Dieses machte ich genau 5 Mal mit, bis ich dann sagte, so es langt, entweder passiert jetzt endlich etwas oder ich komme nicht wieder. Ja-wohl ... es passierte etwas, ich bekam Hausaufgaben in denen ich probieren sollte mit dem Auto zu fahren und dann aufschreiben sollte, was mir dabei in den Kopf kam. Im Grunde nicht anderes als das, was ich bereits schon von mir aus machte.

Ich konnte mich vor Begeisterung kaum halten, dass ich nun das machen sollte, was ich bereits tat und dafür bezahlte ich noch Geld.
Wie kann man etwas aufschreiben, was man gar nicht beschreiben kann? Nur jemand, der gleiches erleidet, kann jetzt auch nur nachvollziehen, was bei mir im Kopf vor sich ging. Ein Außenstehender wird dieses Buch zwar lesen, es registrieren aber nicht nachempfinden können, was da wirklich passiert.

Der Therapeut sagt: Der Angst stellen. Das ist ein zusammengesetzter Satz, der durch die Anreihung verschiedener Wörter eine gewisse Reaktion hervorruft. Nämlich Panik. Und wie leicht ist das mal eben so dahin gesagt und wie wird das umgesetzt?

Ich brach die Therapie ab. Außer anstrengenden Autofahrten, die ich tun musste, egal ob es mir gut an dem Tag ging oder nicht, kam für mich nichts dabei heraus bis auf eine Sache, der der Ursprung sein könnte und der liegt beim Kindergarten:

Wie anfangs schon ein Erlebnis beschrieben sind noch mehr Vorkommnisse zu Tage gekommen:
Ich wurde gezwungen Spinat zu essen. Spinat stand nun so gar nicht auf meinem Speiseplan, dennoch interessierte die Kindergärtnerin das nicht einmal ansatzweise. Als nun schon alle anderen Kinder wieder den Saal verlassen hatten, in dem wir zum Essen immer zusammen kamen, und mit dem Essen fertig waren, saß ich da immer noch. Das Essen war natürlich

schon kalt und ich sah diese grüne Brühe auf meinem Teller schwimmen. Ich durfte nicht aufstehen, bis ich alles gegessen hatte. Eine Kindergärtnerin setze sich dann neben mich, vermischte die Kartoffeln mit dem Spinat und stopfte es mir regelrecht rein. Meine Abneigung gegen Spinat besteht heute noch.

Bei einer Fahrt ans Meer, sie dauerte eine Woche mit Übernachtung, mit der Kindergartengruppe, erlebte ich ebenfalls nichts Gutes. Ich war in einem Mehrbettzimmer untergebracht mit Etagenbetten. Ich lag in dem unteren Bett eines Etagenbettes und gegenüber befand sich ein Etagenbett, worin ein anderes Kind lag und einen Bonbon lutschte. Während sie redete fiel ihr der Bonbon aus dem Gesicht und landete in ihrem Hausschuh. Damit sie nun nicht aus dem Bett musste bin ich aufgestanden und habe ihr den Schuh nach oben gegeben. In dem Moment kommt die Kindergärtnerin ins Zimmer, packt mich und stellt mich vor die Tür des Zimmers auf den Flur. Der Flur war in so einem alten grauen PVC ausgelegt und eiskalt. Ich durfte mich nicht von der Stelle rühren und stand nun mehrere Stunden auf diesem Flur.

Im Kindergarten sind Waschräume und diverse Toiletten, dort wurde ich regelmäßig von anderen Kindern eingesperrt und sie passten immer auf, dass ich nicht nach jemanden Rufe. Sie kamen sogar rein, wenn man auf der Toilette saß und zogen mich dort runter. Die Kindergärtnerinnen hatte das alles nicht

interessiert. Von dort bekam ich keine Unterstützung, ganz im Gegenteil. Ich habe auch aus Angst nie etwas zu Hause erzählt. Ich wollte nicht, dass es noch schlimmer wird.
Dies erklärt die Panikattacken durch Zwang etwas tun zu müssen und keinen eigenen Willen haben zu dürfen.

Jeder sollte für sich entscheiden, ob eine Therapie richtig ist. Ich kann nur für mich reden und jedem raten es trotzdem zu versuchen und heraus zu finden, ob es für ihn selbst eine Hilfe ist.

Üben an Tagen an denen ich nicht sonderlich in einer guten Verfassung war habe ich vermieden, denn würde da etwas passieren, dann habe ich Rückschritte und die wollte ich zu Beginn auf jeden Fall vermeiden.

Es gingen wieder Jahre ins Land und ich kam nur sehr langsam weiter. Alle Anläufe dauerten Tage, bis ich endlich mal etwas ausprobierte. Der Anfang ist dabei unheimlich schwer sich zu überwinden.
Eine Fahrt zum Supermarkt klappte, reingehen nicht. Ich habe wieder neue Tricks und Ausreden erfunden, warum ich dort nun nicht rein musste und hab mich dann langsam heran geschlichen und es einfach mal versucht. Von der Tür aus kannte ich schon sämtliche Regale, wusste wo steht was im vorderen Bereich. Ich passte genau den Zeitpunkt ab, in der der Laden einigermaßen leer war, die Kasse frei war und ich im

Laufschritt durch die Gänge raste. Schnappte mir drei Teile und stürzte zur Kasse. Der ganze Vorgang dauerte keine Minute und ich war dann wieder im sicheren Auto. Dabei hatte ich festgestellt, dass mein Auto wieder ein Zufluchtsort wurde, also wurde jetzt wieder alles rückabgewickelt?

Kommt also ein neues Ereignis dazu, ist das Alte eine Selbstverständlichkeit geworden. Also Fortschritt.
Meine Übungen habe ich alle im Sommer gemacht, möglichst dann wenn es besonders warm war. Das gab eine gewisse Sicherheit, denn kippte ich um, machte das nichts, denn Andere kippen bei Hitze auch um, also war ich nicht alleine und es würde auf die Hitze geschoben.
Erstaunlicher Weise ist mir in all den Jahren nie wieder etwas vergleichbares passiert wie im Jahr 1991. Wie kann so ein Moment in einem Leben so eine Veränderung auslösen, dass keine Lebensqualität mehr vorhanden ist?

Nach meiner Scheidung wurde auch die Firma aufgegeben und somit drohte mir die Arbeitslosigkeit. Da ich mich aber nun in meinem Beruf aus kannte, probierte ich es auf einer selbständigen Ebene, was auch gut funktioniert hatte. Arbeiten gehen war für mich ja bekanntlich unmöglich. Da wäre der ständige Termindruck und immer wieder weit weg von zu Hause, wo mich die Stresssituation im Griff gehabt hätte und an Arbeit wäre nicht zu denken gewesen. Da war der

Stress Priorität und einen klaren Gedanken fassen ... unmöglich.

Also baute ich mir selbst etwas von zu Hause aus auf und habe auch einige freie Mitarbeiter dazu gehabt, die mich noch in anderen Berufszweigen unterstützt haben. Vor Ort habe ich Termine wahrnehmen können und habe eine Begleitung mit dabei gehabt.
Ich habe dort etwas erstaunliches herausgefunden, wenn ich mich mit den Mitarbeitern unterhielt. Alle hatten ähnliche Probleme und arbeiteten deshalb zu Hause. Eine Frau Michaela, hatte gleiches erlebt wie ich. Sie saß seit vielen Jahren im Haus und ging nur einen Weg raus zum Wald hoch, um die Hunde aus zu führen, aber niemals aus der Haustür. Wir haben uns natürlich oft darüber unterhalten und sie war sehr erstaunt, wie ich so genau wissen konnte, was bei ihr alles im Kopf vor sich ging.

Ich habe Michaela dann auch oft mitgenommen am Telefon, wenn ich selbst wieder üben musste und keine Begleitperson hatte. So wurde ich sehr gut abgelenkt und so wurde die eine oder andere Sache auch zur Routine.
Ich hatte das Telefon immer dabei als Hilfsmittel und warum nicht, es hat geholfen und ich war abgelenkt.
Ich habe ihr oft gesagt sie solle das gleiche tun, einfach nur bis zur nächsten Laterne gehen und das immer und immer wieder. Sie hat es immer verweigert und keinen Kampfgeist gezeigt.

Etwas zu erzwingen bringt gar nichts. Wenn ich Hilfsmittel brauchte, dann habe ich sie mitgenommen auch wenn die Erfolge klein waren, sie haben aber trotzdem geholfen.

Eine zeit lang wurde ich beim Nachbarn regelmäßig zum Essen am Sonntag eingeladen. Die Überwindung zum Nachbarhaus zu gehen funktionierte schon ganz gut, nun musste ich aber noch dort ins Haus gehen, eine gewaltige Strecke von 3 Metern Flur zurück legen um zur Küche zu kommen. In der Küche stand direkt der Tisch an der Tür. Soweit so gut, die übliche Nervosität mit dabei ... jetzt sollte ich nun ins Wohnzimmer. Unmöglich!! Also wurde mein Essen in die Küche verlegt. Mit dem halben Hinterteil saß ich auf dem Stuhl mit dem Fuß schon halb in der Tür. Dann sollte ich auch noch essen. Himmel ... wie sollte das gehen. Ein großer Berg auf dem Teller bedeutet eine gewisse Zeit dort sitzen zu müssen. Dann musste das auch noch gegessen werden, was wenn sich Durchfall anbahnt, wenn ich hinaus rennen muss. Aber da ich ja erfinderisch bin habe ich vorgesorgt und meine Geschichte erzählt, so dass niemand etwas denken muss, wenn ich plötzlich hinaus rennen sollte. Natürlich ist nichts passiert. Nur die Nervosität und Anspannung war vorhanden.
In den nachfolgenden Wochen war nun dieses Essen gehen zur Routine geworden und irgendwann war es mir sogar möglich im Wohnzimmer zu essen. Übung macht den Meister, wenn auch langsam.

Bei einem Anwaltstermin, den ich notgedrungen wahrnehmen musste, ist mir etwas passiert, was doch wieder Rückschritt bedeutete. Erstaunlicher Weise kann ich mich gar nicht mehr so gut an die Fahrt mit dem Auto erinnern. Ich musste 12 KM zurücklegen und auch noch durch ein Waldgebiet. Da ich nur noch wage Erinnerung daran habe, scheint das gut gelaufen zu sein. Auto wieder Sicherheit!
Der Termin an sich bei dem Anwalt verlief auch soweit ganz gut nur bekam ich Unruhe und Nervosität. Der Anwalt war so langsam in seinen Ausführungen, dass ich ihm direkt das Diktiergerät hätte wegnehmen können und selbst alles diktiert hätte. Das machte mich dann doch nervös, weil ich in dem Fall nicht wusste, kann ich einfach weglaufen oder gehört sich das wieder nicht. Und so kam es, wie es kommen musste. Wie in 1991 bemerkte ich wieder dieses Drehen im Kopf. Der Anwalt ließ mir ja genug Zeit mich in meine altbekannte Situation hinein denken zu können. Ich habe mich so da hinein gesteigert, dass tatsächlich ein Schwächeanfall folgte und ich auf seinem Sofa landete. Ich wurde dann nach Hause gefahren. Allerdings war es diesmal wirklich nur ein Schwächeanfall hervorgerufen durch das Thema, was wir dort behandelt haben und nicht spurlos an mir vorüber ging. Die Kontrolle hatte ich noch aber dies hinein steigern, war nicht gerade förderlich und brachte dieses Ereignis.

Ich hörte von der Methode Hypnose, habe mich auch für den Bereich interessiert und viele Gespräche ge-

führt. Hypnose ist sicherlich eine interessante Sache, aber für mich schien sie nicht akzeptabel, da eine gravierende Nebenwirkung auftreten kann, wurde mir erklärt. Es ist möglich, dass ich danach tatsächlich wieder eine akzeptable Lebensqualität bekomme, es kann aber auch sein, dass es ins Gegenteil um schlägt. Das Risiko wollte ich nicht eingehen und habe dann doch auf diese Methode verzichtet.
Auch bei dieser Methode sollte jeder für sich selbst entscheiden und sich zunächst immer alles anhören.

Ich habe in den letzten Jahren gemerkt, dass ich die Panikattacken verändern und verlagern. Hinzu kamen bei mir die Angstzustände vor Krankheiten. Ein Tag nicht so gut drauf, Fernsehen spricht über Krankheiten und schon hatte ich sie auch.
Natürlich war die Diagnose vom Arzt negativ. Selbst eine kleine Erkältung, bei der ich wusste, dass es nur eine Erkältung war, hat mich wieder in Panik versetzt. Immer wieder habe ich das Schlimmste gedacht und am Ende war es überhaupt nichts großartiges. Ich habe mir inzwischen angewöhnt, doch öfter mal zum Arzt zur Vorsorge zu gehen. Wenn ich die Bestätigung hatte, dass alles gut ist, dann ging es mir auch gleich viel besser. Obwohl es mir ja nie schlecht ging, sondern nur in Gedanken.

Ich bin vor einigen Jahren in eine tiefe Depression gefallen, ich hatte nur noch einen Tunnelblick und habe alles um mich herum nicht wirklich wahrgenommen. Das Schlimme dabei ist, dass man im

Grunde vom Kopf her total klar ist aber man kann es einfach nicht abstellen. Die Depression kam rein durch die Phobie, dass ich es nicht wieder schaffen würde da heraus zu kommen. All solche Rückschläge musste ich einstecken.
Das Hauptproblem ist doch immer wieder die Psyche, aber man kann da kein Pflaster drauf kleben und alles ist wieder gut. Der Prozess im Kopf muss umgekehrt werden, was nach meiner Ansicht auch nicht mit Medikamenten hilft. So etwas habe ich in den ganzen Jahren nie angerührt. Ich bekam einmal testweise Johanniskraut, was ich nicht vertragen hatte und alles noch verschlimmerte. Es kam ohne Medikamente also muss es auch möglich sein die Panik auch ohne Medikamente wie loszuwerden.

Irgendwann fiel mir sogar auf, dass in Träumen, die ja wirklich einem Krimi manchmal gleich kommen, keine Panik oder Phobien auftraten. Im Traum ist alles einfacher und man kann alles. Man kommt überall hin, alles kein Problem auch kein Gedanke geht in die Richtung. Irgend etwas muss im Schlafzustand ausgeschaltet sein, so dass da überhaupt nichts passiert.

Kapitel 5
Erfolg

Ich kann sagen, dass ich inzwischen wieder 30 % von meinem alten Leben zurückbekommen habe, aber da sind dann immer noch die anderen 70 %. Und immer wieder begleitet mich, „es könnte ja sein, dass ich wieder umkippe" und schon kommt die Angst vor der Angst wieder hoch. Inzwischen war es das Jahr 2003. Es ging langsam voran … zu langsam und ich stand auf der Stelle. Im Dorf und Umgebung war ich einigermaßen „trittsicher" geworden aber das reichte noch lange nicht. Autofahren war mit Begleitung möglich aber eben noch lange nicht alleine auf weiten Strecken. An schlechten Tagen gab es immer wieder Rückschläge und so kam ich nicht weiter. Ich wollte es noch einmal mit fremder Hilfe versuchen und fand etwas, was mir schlagartig 90 % meiner Lebensqualität zurück gab.

Ich hörte von Kinesiologie, das ist die chinesische Energielehre. Da ich nun alles versucht hatte und auch mit meinen Übungen Erfolg hatte, dachte ich es kann ja nicht Schaden auch das mal zu probieren. Ich war mir sicher, das bringt nichts, obwohl ich auch der Meinung bin, dass die China doch immer gute Heilmethoden hat.

Diese Methode anzugehen war natürlich auch nicht mal eben gemacht und ohne Stress erst recht nicht. Da war zunächst erst einmal, dass ich jemanden finden musste, der das auch professionell betreibt. Gut, dass es das Internet gibt. Eine Praxis gab es in der nächsten Stadt, sprich 15 Min. entfernt, sprich eine halbe Ewigkeit. Es nützte ja nichts ich rief dort erst einmal an. Die nette Dame hat mir einiges dazu erklären können. Wir vereinbarten einen Termin und sie wusste über mein Problem der Agoraphobie Bescheid, dass es sein könnte, dass ich vielleicht gar nicht erst die Praxis betreten kann. Natürlich habe ich mir den Termin auf den Abend gelegt. Es war Winter und abends schon früh dunkel. Ich kann es mir nicht erklären, aber die Dunkelheit hatte eine leichte Schutzfunktion.

Es kam der Tag X morgens war mir schon schlecht, mittags war mir übel und nachmittags wurde ich dann schon grantig. Alles eigentlich wie immer, Adrenalinproduktion im vollen Gange, zittern, schwitzen, usw.
Zu dieser Zeit hörte ich auch von Bachblüten. Es gibt die Notfalltropfen, die auch oftmals Zahnärzte für Angstpatienten benutzen. In der Regel gut verträglich aber jeder Einzelne muss dort selbst entscheiden, ob er sie nehmen könnte und verträgt. Diese Tropfen träufelt man sich direkt in den Mund, zwei-drei Tropfen sind völlig ausreichend. Bei mir haben sie nach 10 Sekunden schon gewirkt und ich wurde deutlich ruhiger und entspannter. Die große Panik verschwindet dabei wesentlich.

Die Notfalltropfen sehe ich nicht als Medikament, da sie nicht dauerhaft genommen werden, sondern nur in Ausnahmesituationen.

Auch am Tag des Termins nahm ich die Tropfen kurz bevor ich los fuhr und mein Befinden wurden einigermaßen erträglich.
Als ich dort ankam, öffnete mir die nette Dame die Tür, da konnte ich gleich Vertrauen zu haben. Ich wollte vorab erst einmal einiges besprechen und als ich meine Geschichte ausführlich erzählen wollte, sagte sie, dass dies nicht nötig sei. Sie wird die Probleme durch abtasten heraus finden.

Sie erklärte mit die verschiedenen Blockaden, sie redete über Meridiane und Hauptkanäle. Sie stellte fest, dass alle meine 7 Kanäle komplett blockiert waren und wollte diese nun wieder frei bekommen. Außer meiner üblichen Nervosität war ich schon neugierig was passiert.
Ich musste mich auf eine Liege legen, sie murmelte immer etwas und drückte immer verschiedene Punkte an Armen, Beinen, Kopf, Nieren usw. Dann sollte ich immer mal wieder Wasser trinken und nach 45 Minuten war sie fertig. Ich sollte mich langsam aufsetzen und erst einmal sitzen bleiben. Insgesamt war ich entspannt. Allerdings wusste ich jetzt nicht so genau, ob es daran lag, was sie getan hatte oder weil ich wusste, dass es nun nach Hause ging.

Mit auf den Weg gab sie mir den Hinweis, dass es mir in den nächsten 3 Tagen immer weiter besser gehen würde. Ich habe es nicht geglaubt.

Und tatsächlich mit jedem Tag ging es mir besser ich bin in den Supermarkt gefahren, ich war nicht nervös es ging mir einfach klasse. Das war absolut unglaublich, dass ich alles wieder ausprobieren musste und es funktionierte. Es war allerdings alles etwas ungewohnt, was jetzt auch wieder zu erlernen ist.

Die nette Dame riet mir auf jeden Fall immer einmal im Jahr diese Methode wieder anzuwenden, da durch den täglichen Stress die Nebenkanäle wieder zu gehen können und am Ende sich Blockaden wieder da sind. Das habe ich getan und es hat funktioniert. Das heißt allerdings nicht, dass man zu der Panik wieder zurück kommt. Aber es geht einem schlichtweg besser und man ist gerade für Übungen viel offener. Jetzt heißt es nämlich LAUFEN LERNEN, denn der Grundstein ist gelegt.

Dadurch, dass sich das Vermeidungsverhalten über die Jahre so fest gefressen hat, ist vollkommen klar, dass man da auch erst wieder heraus muss und sich umprogrammieren muss, weil wieder alles geht.

Das ist nun eine Phase, die Spaß macht aber auch schwer ist. Immer wieder muss man üben und es kommen auch immer wieder mal so Momente, die mich ERINNERN aber nicht in Panik versetzen. Nervosität immer wieder vorhanden aber keine Panik, keine Angst vor der Angst.

Eingangs habe ich von dem Rock mit dem Gummizug berichtet. Nun habe ich eine Hose, die einen Gummizug genau so hat, wie es der Rock hatte. Ich habe immer noch Schwierigkeiten diese Hose anzuziehen, weil doch wieder Erinnerungen hoch kommen. Allerdings OHNE die Panikattacken.

Ich habe mir ein Buch gekauft über Kinesiologie, worin viele Übungen beschrieben werden und die auf unterschiedliche Weise helfen. Sogar gegen Kopfschmerzen und Zahnschmerzen gibt es Übungen. Die Kinesiologie ist also auch gegen viele andere Ereignisse oder Schmerzen, sowie die unterschiedlichen Arten von Angstzuständen brauchbar.

Für mich sind die Übungen gegen den Stressabbau am wichtigsten und die kenne ich inzwischen schon auswendig. Jeder hat hin und wieder auch mal schlechte Tage und ist überarbeitet da helfen die Übungen um eine Entspannung zu finden.

Im folgenden führe ich einige Übungen auf, die auch im Notfall bei Stresssituationen helfen und von unangenehmen Gedanken ablenken.

ESA Grundübung

Die Basis für die Mentalübungen bildet die Grundübung des Emotionalen Stressabbaus auch ESA genannt.

Sie legen oder setzen sich dazu hin und lassen die Beine nebeneinander liegen, nicht überkreuzen.

Nun legen Sie eine Hand auf die Stirn, auf die Stirnbeinhöcker auch sogenannte Stressreduzierungspunkte, die andere Hand legen Sie auf den Bauch. Atmen Sie dabei ruhig ein und aus.

(Ist Ihnen schon einmal aufgefallen, dass Sie in Stresssituationen sich unbewusst automatisch an die Stirn fassen?)

Denken Sie dabei an Situationen, die Sie stressen und konzentrieren Sie sich darauf.

Wenn Sie merken, dass die Gedanken immer wieder abschweifen, ist das ein Zeichen dafür, dass der Stress sich abgebaut hat.

Atmen Sie abschließen noch einmal tief ein und aus und wischen Sie dabei den Stress mit der Hand von der Stirn, indem Sie langsam die dort verweilende Hand drüber ziehen.

Positive Zielgedanken anstreben um mehr Lebensenergie zu bekommen:

Welches Ziel wollen wir erreichen? Zum Beispiel, dass wir aus dem Haus treten können ohne gleich in

Panik zu geraten, oder einen Gang zum Arzt, um den wir nicht umhin kommen, gedanklich gut zu überstehen.

Gibt es einen Satz, der Sie positiv Denken lässt und der Ihnen hilft das gesetzte Ziel zu erreichen? So etwas wie: Ich schaffe das, ich werde Erfolg haben, ich bin stark. Gibt es Eigenschaften oder Fähigkeiten das Vorhaben auf eine richtige Linie zu lenken?

Denken Sie in sich hinein, ob der ausgesuchte Satz tatsächlich Ihnen Hilft und Mut gibt. Sollte es noch nicht der richtige Satz sein, dann verändern Sie ihn so lange, bis sie merken es wirkt und der Satz gibt Ihnen Kraft.

Denken Sie nun an die bevorstehende Situation und Sie hätten das Ziel schon erreicht. Wie geht es Ihnen dabei? Merken Sie, dass das Ziel erreicht wurde? Nehmen Sie die Umgebung war und wie fühlt es sich an? Nehmen Sie sich dabei viel Zeit alles genau auszumalen.

Wenn Sie nun Ihren motivierenden Satz gefunden haben, legen sie die Finger locker um die Daumen und klopfen Sie dabei leicht rund um Ihre Ohren an den Schläfen entlang. Dabei sprechen Sie den Satz laut aus und so lange, bis er richtig fließend ausgesprochen ist.

Um nun beide Gehirnhälften anzuregen können Sie dabei mit den Augen kreisen. Einmal im Uhrzeigersinn und einmal anderes herum. Sie können eine liegende Acht dabei verfolgen und schaffen so eine noch bessere Voraussetzung das Ziel zu erreichen. Vergessen Sie dabei nicht, den Satz immer und immer wieder zu wiederholen.

Ableitung von negativer Energie, Ängste abbauen

Diese Übung ist bestens dafür geeignet negative Gedanken loszuwerden, oder wenn Sie etwas extrem belastet. In unserem Fall natürlich die Panikattacken, die unser Leben beeinflussen. Bestimmte Situationen, die Sie erlebt haben und die Sie als sehr negativ empfanden und Sie in Angst und Schrecken versetzt haben.

Suchen Sie sich einen Platz, an dem Sie ungestört sind. Ich habe diese Übung Abends im Bett gemacht vor dem Einschlafen.

Nehmen Sie nun die Grundhaltung ESA ein. Atmen Sie dabei tief ein und aus.

Stellen Sie sich nun ein Rohr vor, was am Ende der Wirbelsäule beginnt und durch die Decken bzw. Fußböden bis hinunter zum Mittelpunkt der Erde reicht.

Stellen Sie sich jetzt die Situation vor, die Sie belastet und lassen Sie sie vor Ihrem inneren Auge Revue passieren. Was passiert mit Ihnen? Zittern Sie, geht es Ihnen nicht gut bei dem Gedanken an die unangenehme Situation? Herzrasen, schwitzen oder etwas anderes?

Versuchen Sie nun herauszufinden an welcher Stelle Ihres Körpers Sie die negativen Schwingungen bemerken. Zentrieren Sie nun an dieser Stelle alle die negativen Eigenschaften und konzentrieren Sie sich drauf.

Atmen Sie tief ein, welche Farbe fällt Ihnen dabei spontan ein?
Atmen Sie diese Farbe nun tief ein und lassen Sie ihren Körper mit dieser Farbe ausfüllen. Jedes einzelne Haar, die Arme, die Beine, bis runter in den kleinsten Zeh.

Sie merken, wie die Farbe nun in Ihrem Körper herum wirbelt und auch die negative Energie davon erfasst wird. Dieser Farbwirbel wird alle Belastung auflösen und lassen Sie ihn dann zum Rohr wandern, wo alles komplett in das Rohr abfließt.

Wie fühlt es sich jetzt an? Sind die negativen Energien weg?
Dann nehmen Sie jetzt wieder einen tiefen Atemzug.

Jetzt ist viel Platz für positive Energie. Welche Farbe passt dazu? Eine warme Farbe, wie der Sommer, eine orange Farbe, wie die untergehende Sonne? Hellblau wie das Meer? Füllen Sie Ihren Körper nun mit der Farbe Ihrer Wahl aus und lassen Sie Ihren ganzen Körper mit dieser positiven Energie überfluten. Atmen Sie tief ein und aus und öffnen Sie dabei Ihren Augen.

Wir haben jetzt März 2014, der Frühling kommt, die Lebensgeister sind geweckt und meine Lebensqualität ist zu 90% zurück. Die beste Zeit jetzt zu beginnen Ihr Leben zu verändern. Mein Ziel ist nicht mehr weit, die ganzen 100 % zurück zu bekommen. Die Kinesiologie und die beschriebenen Übungen haben mir geholfen, den Grundstein für ein neues Leben zu legen. Meine Panikattacken geraten immer mehr ins Hintertreffen und sind schon gar nicht mehr so wichtig, so dass ich nun auch durch weiteres üben immer mehr zur „Normalität" zurück komme. Und SIE schaffen das auch.

Stellen Sie sich vor, sie können im Grünen sitzen oder im Wald spazieren gehen, Sie hören die Vögel singen, die Blätter wachsen in hellem frischem Grün an den Bäumen. Die warme Frühlingssonne genießen Sie und merken jeden Sonnenstrahl, den Sie nun ohne Nervosität genießen können. Weit weg vom Alltag und den Panikattacken.

Lassen Sie sich nicht beirren, wenn Ihnen jemand sagt, sie sollen sich der Angst stellen. Das ist im Grunde auch richtig aber nicht so, indem Sie sich zwingen etwas zu tun und sich einer extremen Stresssituation aussetzen.
Für mich war es unangenehm es so zu probieren, also habe ich den Mittelweg genommen.
Einem Hund kann man durch Stress etwas eintrichtern oder die andere Variante nehmen und ihm im Spiel etwas näher bringen. Anders ist es bei mir auch nicht.
Stresssituationen aussetzen? Ja, aber in Maßen und notfalls mit Hilfsmitteln, so wie ich das Handy mitnahm.

Ich habe schon oft über Zwangsneurosen nachgedacht und, wenn man so will, auch bei mir eine gefunden. Aber wer legt fest, was eine Zwangsneurose ist? Oder ist es einfach nur eine Charaktereigenschaft, bestimmt durch das jeweilige Sternzeichen oder die Erziehung?
Ich habe die Angewohnheit immer und immer wieder etwas nach zurechnen, wenn mir alleine vom Anblick her die Endsumme nicht gefällt und zum Gesamtbild nicht passt. Tatsächliche finde ich dann auch den Fehler. Oder ich rechne etwas mehrfach aus, eigentlich nur um sicher zu gehen, ob alles stimmt. Ist das eine Zwangsneurose? Oder ist es einfach nur die Eigenschaft etwas richtig zu machen.
Zwinge ich mich dazu nur einmal zu rechnen, kann das eine Stresssituation bei mir auslösen.

In einem anderen Fall habe ich davon gehört, dass jemand auf der Straße keine Linien betreten kann, die sich durch Pflastersteine ergeben. Warum muss ich diesen Mensch dazu zwingen diese Linien zu betreten und ihm so einen Stress zu machen, wenn es doch auch „spielerisch" geht oder auch durch Reflexe. Es fällt etwas runter, der Betroffene reagiert spontan und springt dort hin um es aufzufangen, dabei tritt er auf so eine Linie. Hat er es gemerkt? Nein! War es schlimm? Nein!
Nur auf die Art kann man auch Panikattacken bewältigen und zu der Meinung stehe ich, denn ich habe es selbst erlebt.
Es kann natürlich bei jedem anders sein, das bleibt auszuprobieren.
Ich hoffe, dass ich Einige nun inspirieren konnte der „Panik" und der „Angst vor der Angst" den Kampf anzusagen und es mir nachzumachen. Es lohnt sich auf jeden Fall. Sie haben nichts zu verlieren und können nur gewinnen. Wer sich nicht traut, wird nie erfahren wie es ist wieder LEBEN zu können und es bleibt immer die Frage:

Was wäre gewesen, wenn ich es versucht hätte?

Alle Namen in diesem Buch sind geändert.